José Bolívar Jiménez Alvarez

Curso breve de ECLESIOLOGÍA

José Bolívar Jiménez Alvarez

Curso breve de ECLESIOLOGÍA

CREDO EDICIONES

Imprint
Any brand names and product names mentioned in this book are subject to trademark, brand or patent protection and are trademarks or registered trademarks of their respective holders. The use of brand names, product names, common names, trade names, product descriptions etc. even without a particular marking in this work is in no way to be construed to mean that such names may be regarded as unrestricted in respect of trademark and brand protection legislation and could thus be used by anyone.

Cover image: www.ingimage.com

Publisher:
CREDO EDICIONES
is a trademark of
Dodo Books Indian Ocean Ltd., member of the OmniScriptum S.R.L Publishing group
str. A.Russo 15, of. 61, Chisinau-2068, Republic of Moldova Europe
Printed at: see last page
ISBN: 978-620-2-47862-5

Curso breve de Eclesiología

J. Bolívar Jiménez Alvarez
Profesor de la Universidad del Azuay
Cuenca - Ecuador

Contenido

Introducción

El presente folleto, que sale a la luz por sugerencia de algunos docentes y obispos del país, no contiene sino los puntos fundamentales de la CÁTEDRA DE ECLESIOLOGÍA explicada a los estudiantes de la "Escuela para el Diaconado Permanente de la Arquidiócesis de Cuenca" y explicada también en otros espacios académico-pastorales, en la que me he te trazado los siguientes objetivos:

Primero. Saber qué es, esencialmente hablando, la eclesiología como disciplina teológica para no confundirla, así no más, con la historia de la Iglesia o con una sociología de la Iglesia.

Segundo: Ilustrar sobre la trayectoria histórica de esta realidad prefigurada, sentida, vivida y reflexionada a través de los siglos, poniendo de relieve los acentos teológicos o las diferentes concepciones de Iglesia habidas en su devenir; que por su puesto han sido diferentes, porque diferentes fueron sus circunstancias; y,

Tercero: Conocer –para luego llevarlo a la práctica y hacerla realidad en nuestras acciones pastorales–, cuál es la doctrina eclesiológica actual, la brotada en el Concilio Vaticano II, que en el fondo no es nueva, sino que, redescubierta, valorada y puesta al día con mayor precisión, es hoy la luz que nos permite apreciar con mayor nitidez esta realidad llamada "Ekklesía" en la que estamos inmersos, por gracia divina y desde nuestro bautismo, los seguidores de Jesús.

No debe esperarse con estas breves notas puntuales otra cosa que no sea la claridad en asunto tan apasionante como delicado. La profundización vendrá luego y es asunto personal, basta zambullirse con esta herramienta en el amplio mundo de los libros especializados para conseguirla.

Atte. El autor

I QUÉ ES LA ECLESIOLOGÍA

- Eclesiología es la parte de la teología cristiana que dedica su estudio al papel que desempeña la Iglesia como una comunidad o entidad orgánica, y a la comprensión de lo que "Iglesia" significa: su papel en la salvación, su origen, su relación con el Jesucristo histórico, su disciplina, su destino y su liderazgo. Es, por lo tanto, el estudio de la Iglesia como algo en sí mismo, la Iglesia como MISTERIO.

- Es misterio porque es una realidad compleja y análoga al misterio del Verbo encarnado, tal como recuerda LG 8, y que por esta razón es descrita por el Concilio Vaticano II como *SIGNO Y SACRAMENTO*, es decir, que hace visible en la historia una realidad invisible: la unión íntima con Dios y la unidad del género humano revelada en Jesucristo por mediación del Espíritu (cf. LG 1).

- No es ni hay que confundirla con la historia y/o sociología de la Iglesia, que fundamentalmente se ocupan de la parte visible de la Iglesia. La eclesiología mira hacia dentro, a su naturaleza.

– La Iglesia no es un fin en misma, sino un medio al servicio del Reino de Dios, o mejor dicho, al reinado de Dios en el mundo. Existe para cumplir una triple función => una triple misión: enseñar, santificar y guiar. *Enseña* mediante la evangelización, la catequesis y la homilía. *Santifica* a través de la liturgia y los sacramentos; y *Gobierna* ejerciendo la potestad de autoridad otorgada por Cristo.

Origen divino de la Iglesia

– La Iglesia[1] es una obra ad extra de la Trini-

---

[1] Antes de Jesucristo, los judíos denominaban con la expresión hebrea «qahal Yahweh» (= asamblea de Yahweh) al pueblo de Israel, antiguo Pueblo de Dios, reunido para celebrar el culto. Así nos consta por el Antiguo Testamento.

En la versión del Antiguo Testamento al griego (s. II a.C), de la que fueron autores unos judíos helenistas conocidos como «Los Setenta», la expresión «qahal Yaweh» fue traducida por la expresión griega «ekklesía kyriou» (= asamblea del Señor). En el mundo griego se llamaba «ekklesía» a la asamblea de todo el pueblo convocada y reunida para elegir a sus representantes y aprobar las leyes.

Esta misma palabra, «ekklesía», es la que los cristianos utilizaron como término preferido para designar a la nueva comunidad de creyentes en Cristo: «Iglesia de los Tesalonicenses», «Iglesia de Dios». Así nos consta, sobre todo, por los escritos de S. Pablo, de S. Lucas y de S. Mateo.

dad. Su primer origen está en el libérrimo y arcano decreto del Padre eterno que decide elevar a los hombres a la participación de su vida divina. Así, Cristo junto con el Padre, envió el Espíritu Santo para que santificara a su Iglesia, la impulsara a su propia expansión. De este modo la Iglesia aparece como un pueblo reunido en virtud de la unidad del Padre y del Hijo y del Espíritu Santo.

«A todos los elegidos desde toda la eternidad el Padre "los conoció de antemano y los predestinó a ser conformes con la imagen de su Hijo, para que este sea el primogénito entre muchos hermanos" (Rom., *8,19). En tal virtud:*

Por su misma etimología, la palabra «Iglesia» implica un doble significado: el de «convocación» y el de «congregación de los convocados». Estas dos referencias las encontramos también expresadas en el término «Iglesia», tal como lo entendemos los cristianos: la Iglesia es convocación de Dios hecha a los hombres por Jesucristo para la salvación y, a la vez, congregación de los convocados y reunidos en el nombre de Jesucristo para compartir los bienes de su salvación:

— convocación de Dios,
— comunidad de creyentes,
— comunión en la salvación, son tres aspectos fundamentales de la realidad significada por la palabra «Iglesia».

Determinó convocar a los creyentes en Cristo en la Santa Iglesia, que fue ya prefigurada desde el origen del mundo, preparada admirablemente en la historia del pueblo de Israel y en el Antiguo Testamento, constituida en los últimos tiempos, manifestada por la efusión del Espíritu Santo, y se perfeccionará gloriosamente al fin de los tiempos.» LG. 2

– No hay que pensar, sin embargo, en un acto solemne mediante el cual la Iglesia hubiera sido proclamada por Jesús, pues, no existe tal acto formal; pero sí ciertas acciones particulares que tienen especial significación y revelan de modo especial su voluntad de constituirla. La Iglesia creció de manera natural a lo largo de la vida de Jesús conforme a su voluntad creadora y a su voluntad de extender el amor del Padre, que comparte con el Espíritu Santo, a todo el mundo[2].

---

[2] La Iglesia no aparece en la historia como una comunidad religiosa que se organiza a partir de la predicación de Jesus, por la iniciativa y acción de sus discípulos al margen del proyecto mismo de Jesús, como algunos equivocadamente repiten. Por el contrario, el mensaje de Jesús, lo que Él dice y hace, conlleva la fundación de la Iglesia. No procede la Iglesia de un movimiento religioso puesto en marcha por Jesús con su predicación, su vida, su resurrección, sino que es su

- En la promesa (Mt. 16,17-20) y la institución del primado de Pedro (Jn. 21,15-17), como en el envío de los discípulos (Mt. 28,18-20), encontramos los momentos decisivos de la fundación de la Iglesia.

- Pero Cristo no sólo es el fundador sino el fundamento *"Pues del costado de Cristo dormido en la Cruz nació el sacramento admirable de toda la Iglesia"* (LG 3; SC 5; CIC. 766) y es el fundamento constante de su Iglesia.

---

proyecto y su obra para la salvación de los hombres. Es obra de Dios, no iniciativa humana.

II LA IGLESIA EN EL ANTIGUO TESTAMENTO

- Propiamente no podemos hablar de la Iglesia en el A.T., pero los conceptos que se manejan a propósito de la Iglesia están indirectamente anticipados en el AT. Los cristianos de la primera hora reinterpretaron el A.T., incluidas las ideas relativas a la comunidad cristiana o iglesia, y esa teología está incorporada en el N.T.

- Entre estos conceptos encontramos las nociones de: "pueblo", "elección", "alianza", "resto", "reunión".

- Los cristianos de las primeras décadas, que todavía acudían a la sinagoga, se consideraban del pueblo de Israel, ahora renovado por Jesucristo. Cuando fueron expulsados de la sinagoga, cercana la guerra contra los romanos, hicieron sus propias asambleas, pero para diferenciarse de la asamblea de los judíos se autodenominarán "ekklesia". Son los cristianos, la Nueva Asamblea. También adoptan el significado de reunión religiosa antes que política para el término. Al igual que sucediera con la sinagoga, se identificó la asamblea con el edificio o templo, diciendo en lenguaje vulgar "vamos a la iglesia", al templo; no al grupo, al que ya se pertenece refiriéndose por la fe y el bautismo.

III LA IGLESIA EN EL NUEVO TESTAMENTO

1.- En los evangelios sinópticos,

- Jesús no predica la Iglesia, sino el Reino de Dios.

- Más que Reino como realidad estática, habría que hablar en un sentido dinámico, es preferentemente reinado, poder de Dios, llegada de la salvación para los hombres. La llegada del Reino es una nueva y buena noticia para los hombres.

- Jesús habla muy poco de Iglesia. Las únicas menciones de la palabra "ekklesia" en los Sinópticos corresponden a Mateo 16, 18 y 18, 17.

2.- Corrientes eclesiológicas en el N.T. Hay al menos tres: la Paulina y lucana, la joánica y la mateana.

a) La primera sería la **paulina, presente en Lucas**, Hechos, Efesios, Colosenses y las cartas pastorales. Se asocian por su rechazo de los judíos, desconfían de su vuelta al Judaísmo. La Iglesia es vista de forma carismática, como nueva comunidad.

En Efesios y Colosenses la Iglesia está muy implicada con Cristo, es el Cuerpo del Señor, es santa, universal, esposa de Cristo,... Esta eclesiología paulina es excesivamente triunfante, no está necesitada de renovación. La eclesiología lucana destaca por su continuidad, en los Hechos, no hay ruptura entre Cristo, los Doce, y los nuevos bautizados. Además la presencia del Espíritu Santo llena la actividad de la Iglesia. En el fondo no es extremo el rechazo a los Judíos, pero sí piensan que el cristianismo lo ha sustituido.

b) Una segunda corriente sería la **joánica**, más defensora de la divinidad de Jesús, la sinagoga está ya enfrentada con la comunidad cristiana, no han desarrollado una organización estable, aunque se sienten amparados por el Espíritu Santo, es un círculo cerrado que se tiene que ir abriendo.

c) Una tercera corriente más reconciliadora, armonizadora, propia de la Tradición de **Pedro y de Mateo**, que está vinculada en principio con las tradiciones hebreas; en torno a ésta moderación, y según se van alejando del judaísmo van acogiendo las distintas tradiciones y se va formando la Gran Iglesia a finales del siglo primero y principios del segundo.

3.- Imágenes de la Iglesia empleadas en el N.T.

El N.T hereda el concepto de asamblea universal, pero de tipo religioso, y lo expresa mediante imágenes tomadas de la vida pastoril, agrícola y cotidiana:

- Redil, cuya única y obligatoria puerta es Cristo (Jn. 10,1-10)
- Grey, de la cual Cristo es el supremo pastor (Jn. 10,11; 2Pe. 2,4) en referencia a Is. 40,11
- Arada de Dios (1 Cor 3,9)
- Viña escogida (Mat. 21, 33: Jn, 15,1-15)

San Pablo designa a la Iglesia como:

- Casa de Dios, de la que Cristo es la Piedra angular (1 Cor. 3,9; Ef. 2 ,19)
- Templo del Espíritu Santo (Ef. 2,19)
- Esposa Inmaculada, a la que Cristo amó y se entregó a ella para santificarla (Ef. 5,25)
- Madre nuestra (Gál. 4,26)
- Nuevo Pueblo De Dios, Pueblo escogido, Nación santa (1 Pe. 2,9)
- Cuerpo de Cristo (1 Cor. 12,12-35; Rom. 12,5-5)

IV LA IGLESIA COMO REALIDAD VIVIDA Y LA ECLESIOLOGÍA COMO CIENCIA A TRAVÉS DE LA HISTORIA

1.- En la época de los SSPP

Los SSPP no sintieron la necesidad ni el interés de elaborar una reflexión sistemática sobre la Iglesia, sin embargo poseen una conciencia viva, clara y precisa de lo que es la Iglesia. Profundizan las imágenes de Iglesia dichas por el N.T. como la de "Cuerpo de Cristo", pero también reflexionan y hablan de ella como:

- Nuevo Templo
- Nueva Jerusalén
- Congregación de fieles
- Humanidad redimida

Aspectos más destacados:

a) ***La Iglesia es descubierta y entendida desde la categoría de misterio*** en cuanto despliegue de la historia de la salvación narrada en la Biblia; tan engarzada se encuentra en el designio salvífico de Dios que la consideran preexistente a la creación, presente desde los inicios de la historia de la humanidad. Tratan, desde ese presupuesto, de identificar el papel y la función de la Iglesia en la economía de la salvación, y de hacer patentes los aspectos que desvelan una realidad mistérica más grande que ella misma.

b) La meditación constante del relato bíblico en el ámbito sagrado de la celebración litúrgica posibilita y suscita una concepción simbólica y tipológica de la realidad eclesial; ***en la Iglesia de la Nueva Alianza ven realizadas y cumplidas las prerrogativas de Israel y las promesas del Antiguo Testamento***; todo lo expresan mediante una amplia gama de imágenes y metáforas (Pueblo de Dios, Cuerpo de Cristo, Madre y Virgen, Esposa de Cristo, Comunión de los Santos, Luna...)

c) ***La Iglesia es experimentada como un organismo vivo del que se participa existencialmente.*** Podríamos aplicar al conjunto de los Padres lo que Móhler afirmaba de san Atanasio: «Se adhiere a la Iglesia como un árbol se adhiere al suelo en que extiende larga y profundamente sus raíces». La estructura de ese organismo sólo es percibida en los momentos y aspectos en que se encuentra deteriorado. Pero en circunstancias normales gozan de la riqueza y la plenitud, de la vida en toda su complejidad, por lo que son capaces de conjugar armónicamente polaridades que posteriormente producirán mayor tensión

d) Sensible a las necesidades del momento, pero como expresión espontánea de su propia vida, ***la Iglesia irá mostrando de modo reflejo y temático el contenido de sus estructuras o elementos esenciales:*** la Tradición, la sucesión apostólica, la regla de la fe, los ministerios eclesiales...

e) Son testigos de la experiencia de un cristianismo que ***se extiende y propaga como multiplicación de iglesias que se mantienen en comunión.*** Queda integrada de modo equilibrado una doble perspectiva: como comunidad que reside y peregrina en una ciudad determinada supera todo aislamiento para abrazar «todas las "parroquias" de la santa y Católica Iglesia» en cualquier lugar en que se encuentren; al descubrirse en el interior del conjunto de los creyentes reunidos en Cristo Jesús son igualmente conscientes de que no puede haber más que una Iglesia en el mundo.

2.- <u>En el Medievo</u> (Siglos V al XV)

– Aunque en la Edad Media (476 – 1453) no

se perdió el sentido eclesiológico, el énfasis teológico original debido a las situaciones sociopolíticas (CRISTIANDAD), sede en favor del aspecto jurídico. A medida que se va extendiendo la cristianización de la sociedad, el pueblo de Dios tiende a ser identificado con el pueblo cristiano, con la sociedad cristiana. La figura de la Iglesia cambia porque adquiere más relieve la unidad considerada desde el centro y desde la jerarquía.

– Tampoco los teólogos medievales sintieron la necesidad de elaborar un tratado sistemático De Ecclesia a pesar de que trataron numerosas cuestiones eclesiológicas. La Iglesia no se hizo objeto temático de estudio porque seguía siendo presupuesto obvio de todo el quehacer teológico: no podía ser un artículo entre otros ya que era el presupuesto de todos los artículos dogmáticos. Los autores escolásticos siguieron exponiendo la doctrina heredada de los Padres: consideraban a la Iglesia como misterio de santidad sobrenatural, como continuadora de la misión salvadora del divino Redentor, como instrumento de Cristo en su acción santificadora, como Cuerpo Místico de Cristo y Esposa inmaculada del Cordero sin mancha...

- El primer tratado de eclesiología de manera directa aunque naturalmente imperfecta se debe **Santiago de Viterbo** (1302) quien compone *"De regimine christiano"*, en el contexto de la aparición del galicanismo regalista (conflictos entre Felipe el Hermoso y Bonifacio VIII, y luego entre Juan XXII y los secuaces de Felipe de Baviera). Le siguen luego Egidio Romano, en "De ecclesiastica sive Summi Pontificis potestate", quién defiende una postura marcadamente papalista, al atribuir al Papa un poder directo incluso en asuntos temporales. Juan de París, quién, apoyándose en el hecho de que Cristo careció de él, considera que la Iglesia no debe influir directamente en el orden temporal sino tan sólo indirectamente en virtud del orden sagrado y del Magisterio. Simultáneamente se va configurando una tendencia a la consideración interior y espiritualista de la Iglesia, especialmente por parte de los franciscanos espirituales que se agudizará en Ockham y desembocará, a través de Wycliff y de Hus, en Lutero.

3.- Durante la Reforma y el racionalismo

- La reforma protestante puso en tela de juicio toda la mediación eclesiástica (primado del papa, poderes de obispos y sacerdotes, autoridad de la Tradición, del magisterio, del sacerdocio y de los sacramentos); y ello **condujo a que los teólogos en la definición de la Iglesia resaltaran ante todo la dimensión jurídica y visible, y relegaran a segundo plano la realidad de la gracia**. El poder del papa entra con Belarmino en la definición de la Iglesia, y el Magisterio pasa a ser elemento constitutivo de la Tradición; pero ya no se dice nada de la relación de la eucaristía con la Iglesia. El jansenismo tuvo como consecuencia que se acentuaran más los poderes y derechos del romano pontífice; el febronianismo y el laicismo obligaron a desarrollar la idea de Iglesia como sociedad perfecta, dotada de derechos y medios, de una jerarquía, de poderes de jurisdicción, legislativos y coercitivos. El protestantismo liberal y el modernismo obligaron a los teólogos a insistir en el hecho de que Cristo fundó una sociedad visible, jerárquica y dotada de una constitución jurídica.

– De la noción de Cuerpo de Cristo se conserva sobre todo el aspecto exterior y propiamente social de la Iglesia. Pero, en comparación con la Tradición patrística y medieval, esa concepción de la Iglesia se empobrece teológicamente, pues el tratado De Ecclesia queda prácticamente reducido a lo contenido en la ST II-II q. 1 a. 10, es decir, a la cuestión de la potestad docente del papa. Los aspectos pneumatológicos, la vida del pueblo fiel, la eucaristía, la comunión de las iglesias locales entre sí quedan prácticamente silenciados.

– La Iglesia es concebida como: TORRE, CASTILLO, BARCA, etc. => (realidad ya hecha y perfecta a la que hay tan sólo que defenderla)

– Los tratados más o menos especiales sobre la Iglesia aparece en la segunda mitad del siglo XVI. De Melchor Cano (+1560), de Stapleton (+1581) y San Roberto Belarmino (+1621).

– San Roberto Belarmino define a la Iglesia como *"una comunidad de todos los fieles que, bajo la obediencia al Papa de Roma profesan la verdadera doctrina de Cristo y reciben los mismos sacramentos"*

4.- En el Siglo XIX

Estamos en una época de tensión y transición

La renovación eclesiológica del siglo XX cristalizada en el Concilio Vaticano II, ha sido factible gracias por la providencial confluencia de factores diversos como...

a) El movimiento litúrgico, centrado inicialmente en ambientes monásticos (baste pensar en dom Guéranger en Solesmes o dom Walter en Beuron), fue paulatinamente ayudando a descubrir a círculos más amplios que todos los bautizados eran partícipes en el misterio celebrado por la Iglesia.

b) Ello favorecía una espiritualidad cristocéntrica: la persona de Cristo se relaciona personalmente con los hombres, de un modo singular en los sacramentos, ante todo la eucaristía; la concentración en Cristo lleva consigo una más profunda comprensión de su Cuerpo Místico.

c) En una sociedad que tendía al anonimato y que llevaba a provocar guerras mortíferas resurgía la nostalgia del espíritu comunitario que favoreciera las relaciones personales y concretas. La Iglesia se presentaba como ámbito privilegiado para ello.

d) La necesidad de situar la fe cristiana en la sociedad y de hacer presente a la Iglesia en ambientes descristianizados exigía la revalorización del laicado y consiguientemente una eclesiología más flexible y dinámica.

e) El resurgir de los estudios bíblicos y su inserción en la eclesiología aportó una savia nueva en los esquemas conceptuales anteriores (es significativo constatar que aún Móhler se inspiraba más en los Padres que en el Nuevo Testamento).

f) También el florecimiento de la patrística aportó nuevos y fundamentales temas a la eclesiología: su dimensión mistérica, la lectura tipológica de la Iglesia, la idea de recapitulación, la relación entre encarnación y género humano...

G) Las nuevas situaciones históricas en que se encontraba la Iglesia contenían repercusiones y desafíos eclesiológicos de notable alcance: el ámbito ecuménico que se iba creando, las experiencias misioneras, las urgencias evangelizadoras...

Teólogos que influenciaron en la eclesiología

conciliar y posterior comentario fueron: H. de Lubac y J. Daniélou, Yver Congar, Karl Rahner, H.U. von Balthasar, Hilbert Muhlen, Hans Kung, Louis Bouyer, Jean-Marie Tillard; Ratzinger y Job Metz.

V.- LA ECLESIOLOGÍA BIBLICO – CONCILAR, UNA REVALORIZACIÓN DE LA ECLESIOLOGÍA ORIGINAL

❑ Dijo Paulo VI:

«Ha sido estudiada y descrita la doctrina sobre la Iglesia; se ha cumplido así la obra doctrinal del Concilio Ecuménico Vaticano I, ha sido explorado el misterio de la Iglesia y delineado el designio divino de su fundamental constitución... Nada de la doctrina tradicional cambia. Lo que era, permanece. Lo que la Iglesia por siglos ha enseñado, nosotros lo enseñamos igualmente. Solamente lo que era simplemente vivido, ahora es expresado; lo que era incierto es clarificado; lo que era meditado, discutido, y en parte controvertido, ahora llega a una serena formulación.»

❑ Temas fundamentales:

1.- La Iglesia como MISTERIO y manifestación profunda de COMUNION

2.- La Iglesia como SIGNO Y SACRAMENTO DE SALVACION

3.- La Iglesia como PUEBLO DE DIOS

4.- La Iglesia como CUERPO DE CRISTO

5.- La Iglesia como ESPOSA DE CRISTO

6.- La Iglesia como TEMPLO DEL ESPIRITU SANTO

7.- La Iglesia y el puesto singular, que en ella ocupa, la VIRGEN MARIA

8.- La Iglesia y el MINISTERIO JERARQUICO: La colegialidad episcopal, la figura del Papa en la Iglesia, la vida consagrada en la Iglesia (los religiosos)

9.- La Iglesia y los LAICOS

10.- La Iglesia y sus PROPIEDADES esenciales: Una, Santa, Católica y Apostólica

11.- La Iglesia y su carácter escatológico, PEREGRINANTE

12.- La Iglesia como INSTITUCIÓN

13.- Iglesia y ECUMENISMO

1.- La Iglesia como MISTERIO

1) Comprendiendo el vocablo. La palabra mis-

terio deriva en su etimología del griego "mysterion" y hace referencia a que algo se mantiene oculto y se desconoce, aunque se puede intuir, como por ejemplo cuando se dice "su vida es un misterio" o "el origen de su fortuna es misterioso" o "el crimen estuvo rodeado de misterio". Un misterio es aquello que no se puede explicar, comprender o descubrir plenamente (algo así como un iceberg). Se trata de algo reservado, secreto o recóndito. Las personas tienen tendencia a interesarse en los misterios como algo inaccesible ya que, en caso de ser revelado, perdería su atractivo. Para la religión, un misterio es aquello inaccesible a la razón y que, por lo tanto, debe ser objeto de fe.

2) <u>Desde la fe, cuando nos acercamos a la naturaleza de Iglesia, descubrimos que hay algo que se nos escapa</u>, que no es tangible o fácil de ver, sino que pertenece a los contenidos de la fe. La Iglesia, es una institución visible, pero también invisible, trascendente, más allá de lo humano. Su existencia es un misterio para la fe, no podemos decir todo sobre ella. La Iglesia tiene una realidad sociológica, visible y real que percibimos, es una comunidad humana,

aunque no sólo. La iglesia siempre ha afirmado la existencia de una acción divina y trascendente en ella. Como estructura formada por hombres es necesario que tenga unas normas, derecho canónico, una organización con unos reconocimientos jurídicos y morales, unas propiedades e instrumentos para desarrollar su ejercicio de evangelización. También tenemos que añadir en ella la acción del Espíritu Santo, que perdura en el tiempo asistiendo y guiando a la comunidad humana. La presencia de Cristo mismo, *"yo estaré con vosotros hasta el final de los tiempos"* (Mt. 28,20), *"donde dos o más se reunieren en mi nombre en medio de vosotros estoy..."* (Mt. 18,20) es una referencia constante de que la Iglesia forma parte de la acción de Dios en la historia de salvación. Es una comunidad de santos, tal y como lo llamaba San Pablo, pero también es pecadora. La Iglesia debe mantenerse en esa dialéctica, santa y pecadora, santa por la acción y presencia de Dios, y pecadora por los hombres.

3) <u>La iglesia es no sólo sujeto de la fe, los que creen en Cristo; sino que es también objeto de fe</u>, y así lo recogemos en el credo:

"creo en la iglesia, una, santa, católica y apostólica". Es decir, la Iglesia manifiesta también por sí misma la salvación de Dios, podríamos ir más lejos: es el sacramento de Cristo en medio de la humanidad. Fruto de este rasgo trascendente podemos afirmar a la Iglesia como depositaria de la verdad, indefectible, infalible, santa...

2.- La Iglesia como SIGNO y SACRAMENTO

- La idea de la Iglesia como sacramento de salvación es del siglo XX

- Sacramento significa "signo visible que da y revela una gracia invisible". Sacramento es la traducción latina del griego "misterion" = algo oculto y desconocido para la mayoría de los hombres.

- La Iglesia en cuanto Sacramento es signo externo de la gracia de Dios.

- El sacramento, además de un rito es un compromiso, una acción en favor de otros. En tal virtud, Jesucristo es sacramento del Padre, la Iglesia es sacramento del Hijo; y los sacramentos particulares, signo de su presencia en el mundo. Cada sacramento contiene y produce la Gracia. Además, cada cristiano a procurar ser con su vida de testimonio sacramento para los demás.

– De este mismo concepto de sacramento se deduce también que la Iglesia tiene una función esencialmente misionera, está abierta a todos los hombres de todas las razas y culturas, a los que ha de hacer llegar la llamada y la invitación del Evangelio. Su mensaje tiene como destinatarios —y, por consiguiente como interlocutores— no sólo a los católicos, sino a todos los cristianos, los no cristianos y los ateos. Pero a la vez el concilio se cuida también de precisar el alcance del antiguo axioma: "Fuera de la Iglesia no hay salvación", surgido en otro tiempo y en otro contexto. También quienes desconocen el evangelio de Cristo y no admiten a la Iglesia pueden conseguir la salvación eterna, si con sinceridad a Dios y se esfuerzan por cumplir los deberes que les dicta su conciencia. Dios no está sujeto a la Iglesia. La Iglesia es simplemente un instrumento en el plan salvífico de Dios.

– Por lo dicho, la realidad visible de la Iglesia puede y debe cambiar para acomodarse a los signos de los tiempo (normas, formas del rito, tradiciones); no así el misterio de su santidad que es Cristo presente en ella. El espíritu Santo actúa en la comunidad eclesial, inspirando sus Escrituras, asistiéndola en el curso de su historia, guiándola a pesar de sus pecados en ocasiones muy graves.

3.- La Iglesia como PUEBLO DE DIOS

- LG. El origen de esta expresión está en el AT. Se utilizaba como metáfora para designar a Israel: *"este pueblo es el designado por Dios y ha sido constituido como nación religiosa"* (Gn 18,18; Sal 2,8; 72,11; Is. 55,4). Los cristianos asumen esta terminología afirmando lo mismo: que son designados, que por la acción de Cristo, todo los que creen, son y forman el nuevo Pueblo de Dios.

- Esa idea de "Pueblo de Dios" mantiene una línea de continuidad con el A.T., pero también hay una ruptura. En el A.T. el pueblo era identificado con la raza, ahora lo es con la fe. El nuevo pueblo de Dios es más amplio y universal, supera la barrera tribal y se abre a todas las naciones.

- En el Medievo, la palabra "pueblo" vendrá

a identificarse con los súbditos frente a los dirigentes, por lo que el término perdió su vigencia en la teología. Su recuperación se debe a los teólogos del siglo XX, que en sus estudios van encontrando progresivamente la voz de "Pueblo de Dios" como muy adecuada para referirse a la Iglesia, siendo en el Vaticano II la expresión preferida de los padres conciliares.

- La Iglesia, como pueblo de Dios, aporta una idea de asamblea, de grupo congregado por un mismo y único Dios. Implica además un subrayado por las personas congregadas, antes que por las instituciones o estructuras. La Iglesia no es edificio, organización ni jerarquía, sino que como Pueblo de Dios es claramente un grupo de cristianos en condiciones de igualdad a los ojos de Dios, con los mismos deberes y derechos, con la misma obligación de ser y vivir la santidad. Es decir, en Pueblo de Dios se destaca más la igualdad que la diversidad eclesial. Pueblo de Dios es además un concepto universal, abierto a todas las razas, grupos, personas. Todos los hombres y mujeres están llamados a la Iglesia, potencialmente toda la humanidad es Pueblo de Dios.
- Los padres conciliares vieron con la expre-

sión "Pueblo de Dios" un freno al excesivo triunfalismo de la Iglesia en la historia. También debe ser consciente de sus errores, fracasos y abusos. Pueblo de Dios engloba una idea de pertenencia a Dios muy fuerte, de confianza. Hoy, tras 40 años de posconcilio, tiende a olvidarse esta expresión de Pueblo de Dios, que convendría recuperar con fuerza.

4.- La Iglesia como CUERPO DE CRISTO

- La concepción de la Iglesia Como "Cuerpo de cristo", lo mismo que la de "Pueblo de Dios", responden a la idea de Iglesia como ***comunión*** (no sólo como comunidad)

- Referencia Bíblica: Cor. 12, 12-30 y Rom. 12, 4-5 (en otros pasajes se lo da otro sentido)

- Hubo un tiempo en que se confundió "Cuerpo místico" con el "Cuerpo sacramental", pero esto fue aclarado en la encíclica "Mistici copporis" de Pío XII en 1943, quien se pronunció por el término "místico" para referirse a la Iglesia.

- Teológicamente "Cuerpo de Cristo" significa: 1-) Unidad a partir del Bautismo, 2-) Pluralidad, es decir, diversidad de cada uno de los miembros, quiénes tienen carismas y funciones propias con las que aportan a la vida, a la salud o la enfermedad del Cuerpo; y, 3-) Visibilidad de la comunión eclesial.

5.- La Iglesia como ESPOSA DE CRISTO

– La imagen de la Iglesia como esposa de Cristo, nace en el A.T., donde Oseas habla de un desposorio con Yahvé, una idea de matrimonio entre Dios y el pueblo de Israel.

– Pero tienen en el Nuevo una continuidad que se extiende hasta la tradición mística y espiritual más profunda. 2 Cor 11 nos habla de este desposorios cuya boda y su celebración sería la parusía. También en Mt. 25 (parábola de las 10 vírgenes), en Ef. 5,21-23 en el contexto del comportamiento moral de los matrim0onios cristianos. El final escatológico lo describe el Apocalipsis también como una boda entre el cordero y los justos, los santos, su iglesia.

– Es una imagen muy estimada y querida por

la patrología de siglos posteriores.

- Que la iglesia sea esposa de Cristo nos da de nuevo una idea de comunión de los creyentes entre sí, y de una unidad indisoluble con Cristo, nuestro esposo. Una relación íntima basada en el amor recíproco, que se recibe y que se ofrece. La esperanza escatológica nos invita a contemplar el desposorio y la promesa de Cristo de manera fecunda y permanente con la prometida, que es la comunidad cristiana.

- Esta imagen de esposa de Cristo ha sido motor numerosas veces de la espiritualidad, que encuentra en Cristo, el esposo, un motivo para la consagración, la entrega y la relación íntima con el Señor. La espiritualidad habla de la relación del hombre con Dios como una relación íntima, matrimonial, profunda.

6.- La Iglesia como Templo del ESPIRITU SANTO

- No encontramos esta imagen en el AT, por lo que pensamos que bien pudiera ser una creación de la Iglesia primitiva. En Mateo *"Pedro es la piedra angular sobre la que edifica la iglesia".* La Iglesia es Templo del Espíritu Santo, según indica Pablo en 1 Cor 3, 9. "Sois edificación de Dios". Esto supone una idea de unidad, todos construidos sobre Cristo que es el cimiento. Encontramos textos relativos a ser templos del Espíritu Santo en 2 Cor 6, 14; 1 Cor 6, 19-20; Ef 2, 19-22 y 1 Pe 2, 5.

- Ser templo expresa la VISIBILIDAD de Dios, algo relativo a la sacramentalidad, a ser signo visible de algo invisible, visibilidad que se expresa también en los ***carismas***. Se recupera una doble idea ya aparecida: la unidad y la santidad. La unidad en el sentido de haber sido edificados en el mismo fundamento, en un solo edificio, una misma casa, un mismo lugar de origen. En segundo lugar, ser templos del Espíritu Santo, supone la santidad de la comunidad cristiana, contrapuesto a profano y de signo distinto y separado al resto de las realidades institucionales humanas. También indica que la Iglesia está habitada por Dios, que es un misterio para nuestra fe, objeto y sujeto de la fe.

- Las relaciones entre carismas y ministerios son esenciales para poder vivificar la comunidad cristiana sin el riesgo de disolución. Los carismas deben ser útiles para la edificación del resto de la comunidad eclesial, mientras que los misterios (los sacramentos) como acciones de Cristo en los hombres.

- En el fondo, un ministerio es un carisma institucionalizado y ordenado para el servicio constante a la comunidad. Ambos están animados por el Espíritu Santo, ambos son necesarios para edificar la comunidad cristiana.

- Los carismas sin los ministerios correrían el riesgo de perder su horizonte de sentido, provocando la disgregación de la Iglesia. Los carismas sin el ministerio quedarían secos, sin la fuerza y la vitalidad necesaria para actualizar el evangelio. Por eso, carismas y ministerios deben estar constantemente contrastándose con el Evangelio de Jesús, a fin de servir a la comunidad cristiana y a los hombres de hoy.

7.- La Iglesia y el puesto singular que en ella ocupa la VIRGEN MARIA

- Se discutió en el Concilio si el tema mariano debía incluirse al tratar el de la Iglesia ó hacer un documento aparte. Se decidió por incluirlo y consta en la Const. Lumen Gentium Cap. VIII (Ns. 52 - 69)

- Igual que los SSPP, el Concilio considera que existe una estrechísima relación María-Iglesia y lo expresa así: *"La Bienaventurada Virgen por el don y la prerrogativa de la maternidad divina, con la que está unida al Hijo Redentor, y por sus singulares gracias y dones, está unida también íntimamente a la Iglesia"*.

- A la luz del misterio de la Virgen María, el Concilio habla analógicamente de la Iglesia como virgen y madre; <u>la Iglesia es MADRE</u> en cuanto engendra por la Palabra y por el bautismo nuevos hijos para a nueva vida inmortal, y <u>VIRGEN</u> porque custodia pura e íntegramente la fe prometida al Esposo y conserva virginalmente la fe íntegra, la sólida esperanza, la sincera caridad. Maternidad y virginidad son dos rasgos marianos que la Iglesia tiene que procurar imitar. Ella no puede no ser madre, su misión es engendrar siempre nuevos hijos en el orden de la gracia, de allí su labor misionera y su esfuerzo evangelizador a fin de engendrar y conservar la vida divina en las almas. Al mismo tiempo ella ha de ser la virgen que se entrega a su Esposo, que vive para Él, que le es absolutamente fiel, que custodia la fe, la esperanza y el amor. Con María y como María la Iglesia es virgen y madre.

- El Concilio también presenta a María como miembro eminente de la Iglesia, su figura, aquella en quien la Iglesia ya llegó a la perfección y se presenta sin mancha ni arruga. Este carácter ejemplar de María hace que los creyentes la miren como a Modelo y, contemplándola, crezcan en la fe, la esperanza y la caridad y busquen obedecer siempre la voluntad divina.

- La Iglesia es y ha de ser siempre mariana, mas no sólo porque invoca a la Virgen María, la venera y la ama sino, sobre todo, porque como María, en absoluta fidelidad, se entrega a la obra salvífica que el Hijo cumplió por voluntad del Padre y de la que la Iglesia se hace continuadora y servidora.

- También María es modelo de la Iglesia que ha de ser consumada en el cielo cuando llegue el día del Señor.

8.- La Iglesia y el MINISTERIO JERÁRQUICO

a-) Los obispos y la colegialidad apostólica

- En la Iglesia lo institucional está al servicio del Evangelio, no es lo más importante, pero tampoco es superfluo, y la autoridad hay que comprenderla como un servicio, un carisma del Espíritu para la comunidad.

- La autoridad en la Iglesia está desde el inicio y es de derecho divino. Los Doce discípulos elegidos por el Señor son el nuevo Israel que iba a ser renovado por la autoridad de Cristo.

- La función de los sucesores de los apóstoles, es la de ser vigilantes, supervisores de la comunidad, en una palabra los "epíscopos u obispos", al servicio de la UNIDAD dentro la diócesis y de ésta con las otras de la tierra.

- En otras palabras, los Obispos (y junto a ellos los sacerdotes y los diáconos) están en la Iglesia para: 1-) Procurar la unidad y la comunión, 2) garantizar la pureza de la doctrina y 3-) Cuidar integral y diligentemente el rebaño mediante decisiones acertadas a la luz del evangelio mas no de ideologías.

- El ministerio ordenado en la Iglesia se inicia con la llamada específica, con la vocación recibida y la invitación. Son esperanza en la presidencia sacramental, que ejercen en nombre del mismo Jesús, aún siendo indignos para tal ejercicio. Son mediadores entre Dios y la comunidad cristiana, representando la santidad del Señor en sus pobres vidas.

- Finalmente el ejercicio de gobierno se ejerce en lo que llamamos la **CARIDAD PASTORAL**, es la donación y el encuentro de amor con los hombres, a los que se intenta servir en medio de las dificultades y dolores de nuestro tiempo. Son por eso *reconciliadores*, algo que expresan en el sacramento de la Penitencia, y son signo de comunión, poniendo la mesa y partiendo el pan para los cristianos. Esta labor la ejercen desde el Señor, por eso **es imprescindible para el sacerdote, el estudio, la oración y la labor pastoral**. El estudio necesario para la predicación y el conocimiento de los problemas y dificultades del hombre de hoy. La oración para mantenerse firme en la atención pastoral, que sería la fuente de su espiritualidad. La misión del sacerdote no es específicamente la oración, que será importante, sino la pastoral, la atención a los creyentes. Su inspiración está en Cristo, en tener los mismos sentimientos que El, en entregarse dando la vida por la comunidad cristiana y por el Reino.

b-) La Función del Papa en la Iglesia

- Sacramentalmente el Papa es un obispo, por tanto su categoría sacramental es semejante a sus hermanos en el episcopado; pero jurídicamente, por ser Obispo de Roma es la autoridad mayor de la Iglesia. Su sentido y función ha sido discutida ampliamente por los hermanos separados, por lo que fue necesaria una reconsideración de su papel y función, así consta en el decreto «Optatum Totuis» del Vat. II y, en relación a ellos en la encíclica "Ut unum sint" de Juan Pablo II (25-V-1995) en la que trata la unidad de los cristianos.

- El papel de Pedro es innegable en la Biblia:

- Es el primer llamado dentro del grupo, Mc 1, 16,
- Es portavoz de los apóstoles, Mc 8, 29.
- Jesús edifica la Iglesia sobre él y le da las llaves del Reino de los cielos Mat. 16, 18-19
- Se le señala la obligación de confirmar la fe se sus hermanos: Lc.22, 1-31
- Da el primer sermón en Pentecostés: Hech. 2,14-35
- Además en la escena de Enmaús: Luc. 24,34; y en la Carta de Pablo a los Corintios (1 Cor. 15,5) que es el texto más antiguo de la resurrección que conocemos.

– La teología de la sucesión en Pedro está en los Padres de la Iglesia. También su papel de autoridad.

– A nivel jurídico y teológico, la infalibilidad del Papa aparece en el Vaticano I como una autoridad suprema y plena, por encima de cualquier otro en la Iglesia, además de universal y ordinaria.

– Hoy el primado de Pedro es aceptado por los Ortodoxos como un primado en caridad, pero no con funciones jurídicas. Siendo rechazado por protestantes y anglicanos con matices muy variados. En el Vaticano II la autoridad episcopal se ejerce colegialmente, incluyendo necesariamente al Papa, es decir, los problemas de conciliarismo o papado, la infalibilidad, cuestiones tratadas anteriormente son ahora recogidas y equilibradas al servicio de la unidad que preside, y como ejercicio de corresponsabilidad.

C-) La vida consagrada: Los Religiosos

- En el fondo arrancan de la vida cristiana laical o clerical, que ante la creciente vulgarización y pérdida de seriedad y profundidad en la vida de fe, se plantean la vida cristiana en una radicalidad encontrada en el Evangelio y enraizada en Jesucristo, su estilo y forma de vida.

- La inspiración de la vida religiosa está siempre en la persona de Jesucristo, en su forma de vivir. Fuerte ante el pecado, en oración, junto con los pobres y necesitados, en comunidad Trinitaria y en comunidad apostólica, enseñando, curando enfermos, atendiendo y socorriendo al hombre en un estilo de vida que descubrimos en el evangelio, pero especialmente en las bienaventuranzas.

- Surgen hacia el siglo IV a raíz del edicto de Milán, dando origen a los MONASTERIOS que se propagaron luego por Europa.

- En la Edad Media, por la relajación y pérdida del sentido original se hizo necesaria reformas: Cluny, San Bernardo y el Cister. Hacia el siglo XII, la vida conventual: Dominicos, Franciscanos, Carmelitas.

- Durante los siglos XV hasta hoy, van apareciendo, especialmente en el siglo XIX, gran cantidad de congregaciones con algunos rasgos distintos. Están más dedicados a las misiones, a la enseñanza o a la atención a los enfermos. Todos ellos profundizan en algún rasgo de la vida de Jesús y son iniciados por hombres y mujeres especialmente tocados por Dios, obedientes a su voluntad y constructores de la Iglesia.

- Los religiosos suelen hacer al menos tres votos: de pobreza, obediencia y castidad. Su sentido y origen arraiga en Jesús que fue casto, obediente y pobre. Existe un cuarto voto en algunas comunidades, en la

Compañía de Jesús el de obediencia especial al Papa, y entre los agustinos el voto de misión.

– La vida religiosa supone desde el punto de vista eclesial un anticipo y una llamada a una comunidad santa. Desde el pasado nos muestran que es posible la vida evangélica, que lo han vivido, apurando la cortedad de la vida, y la eternidad del amor de Dios, pero además apuntan al futuro, son un verdadero anticipo del Reino de Dios, viviendo lo extraordinario en este mundo de una forma ordinaria. En este sentido el amor, la obediencia, la pobreza, la oración y la entrega a los pobres supone recordarnos lo que somos y lo que seremos.

– La actual visión teológico-pastoral consta en Decreto Conciliar "Perfectae Caritatis" (28 – oct. – 1965)

9.- La Iglesia y los LAICOS

– Sin duda el tema del laicado se ha recuperado fuertemente a partir del Concilio Vaticano II, donde se potencia como aspecto pastoral esencial de una Iglesia que quiere dialogar con el mundo moderno, y cuya punta de lanza es precisamente el laicado.

- El verdadero inicio del uso de esta expresión en la Iglesia hay que buscarlo en la carta primera de Clemente, escrita hacia el siglo I cuando se organiza la Iglesia y surge un escalafón: epíscopos, sacerdotes o presbíteros, diáconos y laicos, el pueblo sin más.

- En el siglo III es generalizado el término como opuesto a "clérigo", que eran los dedicados al Señor, al igual que los levitas en el AT. Se tomó la misma palabra "cleros" para referirse al ministerio ordenado del AT. La separación desde el siglo III es muy clara, el clero es lo opuesto al laicado.

- En la historia del laicado comprobamos el poco valor que ha tenido en otros tiempos, hecho que contrasta con el evidente peso que se le quiere dar hoy.

- La misma aparición del monacato podemos entenderlo como una crítica a la vida clerical o laical acomodada de la Iglesia. Con el trascurso de los siglos la articulación eclesial se va polarizando en una Iglesia docente, magisterial y conocedora de los misterios, y en una Iglesia discente, en un proceso de aprendizaje permanente. En un extremo está la jerarquía y en el otro el laicado, unos enseñan, los otros deben aprender. Se identificará la vida de perfección en el clero y los monjes, dejando la vida del laicado como algo residual en la comunidad cristiana, y por supuesto, no lo mejor para alcanzar la santidad.

– Con la llegada del Concilio Vaticano II, y gracias a las aportaciones de Congar y De Lubac, el laicado va a alcanzar una carta de reconocimiento no apuntado anteriormente en la Iglesia. Estamos en un momento histórico muy específico, durante los movimientos revolucionarios del siglo XIX y XX el mundo se ha ido secularizando, descristianizando, y se ve imprescindible una labor que es exclusiva del laicado, la evangelización en los ambientes. Desde ahí aparecen con fuerza muchos movimientos laicales, vinculados en el siglo XIX a los religiosos, pero en el siglo XX, con la Acción Católica, adquieren carta de ciudadanía propia en la comunidad cristiana. Todo esto confluye en el Concilio con documentos notables y significativos: Lumen Gentium, Apostolicam Actuositatem,... etc.

- El carácter propio del laicado es lo secular, la pertenencia a las realidades temporales y al mundo, al que se trata de cambiar. El laicado tiene como misión la trasformación de la sociedad, el acercamiento del Reino de Dios a los hombres. Es decir la implicación con las realidades temporales, distinguiéndolo así de las realidades eclesiales. Lo propio del laicado es el mundo: la política, el sindicato, la cultura, el mercado, la fábrica o el barrio,... en definitiva la sociedad con todas sus facetas. El laicado se encarna en el mundo en el que vive, siendo fermento del mismo. Por eso su misión principal es el trabajo y la familia, con toda realización personal y misional.

- Es importante también como faceta propia y específica del laicado la misión en la iglesia doméstica, es decir, en el sacramento del Matrimonio.

- Junto con el matrimonio y la presencia pública, no podemos dejar fuera el mundo del trabajo. El laico colabora con Dios Padre en la creación, se esfuerza para transformar la realidad, haciendo un mundo más habitable, más humano, más solidario y bueno para los hombres.

- No podemos entender bajo ningún concepto, ni el ministerio sacerdotal ni el laicado, como formas o juegos de enfrentamiento o de poder, el binomio se evangeliza con el servicio a la comunidad y al mundo, desde la comunión, el encuentro y el diálogo. Dicho de otra forma, lo que no hagan los laicos en su misión específica de transformar el mundo con su trabajo y su presencia pública, no lo deben hacer los sacerdotes. Y al revés, el ministerio sacerdotal quizás ha abarcado más campos de los que realmente le corresponde, tanto en la Iglesia como en la sociedad.

- El sacramento propio del laicado es el bautismo que le otorga a su modo el derecho y el deber de ejercer la triple función ministerial de Cristo: sacerdotal, profética y real.

10.- Propiedades de la Iglesia

- Entendemos por propiedades de la Iglesia ciertas notas esenciales que la hacen exteriormente reconocible y discernible. Constituyen a la Iglesia en su ser, dimanan de la misma esencia de la Iglesia desde el centro mismo de su misterio; las notas son consecuencia de su naturaleza sacramental y condición sine qua non de su misión.

- Estas propiedades arrancan de la Escritura, de la que nace la Iglesia y se explicitaron en los primeros siglos de fe en los que era una seña de identidad frente a las numerosas desviaciones heréticas de los siglos III y IV.

- Desde el siglo XVII son denominadas propiedades o notas de la Iglesia porque demuestran o denotan algo de la Iglesia. Durante un tiempo estas notas fueron un elemento apologético para la comunidad Católica hasta caer, lamentablemente en una ***apologitismo*** que explicaba las notas de manera errónea. De la ***unidad***, se extraía la uniformidad de la Iglesia, lo cual está enfrentado claramente con lo expresado por San Pablo en sus cartas. De la ***santidad*** se derivaba la sacramentalidad, lo cual podría tener algo más de relación, pero es evidentemente ir demasiado lejos en deducciones. De la ***catolicidad*** un especie de imperialismo, más acorde con el espíritu político que con el Evangelio, y finalmente, de la ***apostolicidad*** derivaban la legalidad de la Iglesia, que también es ir demasiado lejos.

- Hoy las notas, desde el Concilio Vaticano II y la eclesiología elaborada y presentada por De Lubac y Congar, podemos deducir que nos muestran una realidad en dialéctica permanente, todas ellas son <u>don</u> para la Iglesia y <u>tarea</u> para los cristianos.

La Iglesia es UNA

1) Igual que hay un solo Dios, podemos decir que la Iglesia es una. Esto es así por la revelación de Dios, pero además, como respuesta humana. Si la Iglesia es la congregación de los que creen, la fe se convierte en fundamento de la unidad de la Iglesia.
2) <u>El fundamento de la unidad de la Iglesia</u> es Dios, que a través de las virtudes teologales: fe, esperanza y caridad, se hace presente y nos anima a esa unidad.
3) <u>Razón fundamental</u>: La necesidad de presentarse ante los hombre como un cuerpo unido, un elemento único para una evangelización eficaz.
4) <u>Elementos de unidad</u>: 1-) La Escritura y la Tradición; 2-) La celebración sacramental y cúltica, de los cuales la central es la Eucaristía, sacramento de común

unión, una sola mesa; y 3-) La Jerarquía que tiene la responsabilidad de procurar y mantener la unidad (Juan Pablo II)

5) **Tarea:** el diálogo ecuménico reconociendo que también los no católicos son iglesia, aunque de manera imperfecta. En ese diálogo se busca restaurar la unidad entre Católicos, Reformados, Anglicanos y Ortodoxos, unidad en la fe, en la esperanza y en la caridad, y expresada en unos sacramentos comunes y una organización semejante.
6) **Aclaración:** Unidad, no uniformidad. La dialéctica UNIDAD-DIVERSIDAD es indispensable

La Iglesia es SANTA

1) La santidad es la nota más antigua atribuida a la Iglesia, es por ello la más importante y la más paradójica. La santidad indica que la Iglesia es trascendente. Santo significa literalmente "separar" y se aplicaba para aquellos contextos en los que se hacía distinción de lo profano con lo santo. Santo sólo es Dios y lo relacionado con Dios. El mismo San Pablo llama en sus cartas a los

cristianos, los santos de la Iglesia de Dios, es decir, hay conciencia de la elección y llamada de Dios a los creyentes.

2) La participación de la santidad de Dios no es algo mágico, sino que requiere del esfuerzo de los hombres, la santidad es una tarea para la Iglesia que sigue siendo pecadora, a pesar de la santidad de Dios.
3) La santidad de los cristianos nos indica que Dios es cercano con los hombres. Ser cristiano es un don de Dios, una tarea y un esfuerzo, para vivir «separados del mundo».
4) La Iglesia es santa y pecadora a la vez, pero tiene como rasgo dominante la santidad antes que el pecado.

La Iglesia es CATOLICA

1) "kath´olon" equivalente a "universal". Las pocas veces que aparece el término en el N.T. no tiene que ver con la Iglesia. Es una terminología acuñada en la Tradición de la Iglesia, aunque su significado está implícito en el NT. El primero en utilizarla fue Ignacio de Antioquía (+ 110)

2) Desde el principio este término tiene un sentido misionero y universal. La exigencia para esa universalidad es la conversión a la fe, posible para todos los hombres.
3) El significado de Católico, es más que universal, "auténtico", porque San Ignacio lo contrapone con los grupos heréticos y sectarios. Ambos significados son importantes, porque indican bien que la verdadera Iglesia está expandida, está abierta, se encuentra dispersa, es Católica, auténtica y universal.
4) La Iglesia debe ser católica como compromiso con los hombres y como esfuerzo de evangelización. Catolicidad representa también la veracidad, la plenitud de la verdad desde la revelación universal de Dios a todos los hombres, por medio de Jesucristo. Finalmente la catolicidad es pluralidad, es decir, que cualquier manifestación cultural de la vida humana puede ser inculturizada por el Evangelio de Jesucristo, válido para todo hombre, tiempo, cultura y lugar.
5) Aclaración: Nosotros aquí estamos hablando de católico como una propiedad de la Iglesia y de todas las iglesias.

La Iglesia es APÓSTOLICA

1) Esta nota indica que se basa en la predicación de los apóstoles. En Ef 2, 20 *dice "edificados sobre el cimiento de los apóstoles y profetas, siendo la piedra angular Cristo mismo*". Es decir, la construcción de la comunidad cristiana se realiza sobre la interpretación que los primeros testigos hicieron de Cristo, nuestra fe se basa en la fe de los apóstoles.
2) Hoy confundimos e identificamos apóstoles con los Doce, y no es exactamente igual. Los Doce (discípulos) parece que fueron una institución simbólica creada por Jesús. Los apóstoles = enviados, son numerosos y fueron los testigos del resucitado y predican la fe en Jesucristo.
3) La sucesión apostólica implica a todo el colegio no personalmente, con la excepción de la sucesión de Pedro que sí es personal.
4) La sucesión apostólica se hace en tres aspectos: la autoridad, la enseñanza y la dirección; pero atención: no se sucede en la inspiración, que finalizó con el último de los apóstoles.

5) La apostolicidad es un don que la Iglesia reconoce en los primeros discípulos de Jesús. Pero implica una tarea, un compromiso que consiste en ser fiel a la Tradición recibida y a la fe originaria.
6) La apostolicidad es de toda la Iglesia, es propiedad de toda la comunidad cristiana, es toda la comunidad la que debe ser fiel a la Tradición heredada, no es sólo tarea de la jerarquía, sino que toda la Iglesia debe procurar la tarea de la fidelidad a lo entregado por el colegio apostólico. De una manera especial desarrolla este ejercicio el Magisterio de la Iglesia, que es garante de la fe recibida y trasmitida por la Iglesia.

11.- La Iglesia y su carácter escatológico, PEREGRINANTE

– Esta singular nota eclesial destacada por el Vat. II, supera todo fijismo eclesial, todo intento por quedarse en la consideración de la Iglesia como "societas perfecta", "nave" o "castillo", y orienta la mirada sobre la Iglesia a un futuro plenificador. La Iglesia no es de este mundo, es misterio. Y mientras camina en este mundo —entre luces y sombras— tiende hacia su plenitud, aquella que recibirá cuando Cristo vuelva glorioso y premie la fidelidad de sus discípulos, haciéndoles partícipes de su gloria.

– Esta realidad escatológica de la Iglesia fundamenta la comunión de la Iglesia terrestre con la Iglesia celestial. La unión de los hermanos que durmieron en la paz de Cristo con los que peregrinamos aún por este mundo se fortalece con la comunicación de bienes espirituales, porque los bienaventurados están más íntimamente unidos a Cristo, *"consolidan más eficazmente a toda la Iglesia en la santidad, ennoblecen el culto que Ella misma ofrece a Dios en la tierra y contribuyen de múltiples maneras a su más dilatada edificación [...] Porque ellos llegaron ya a la patria y gozan de la presencia del Señor (cf. 2 Cor 5, 8); por Él, con Él y en Él no cesan de interceder por nosotros ante el Padre".*

– La Iglesia terrestre mira a la Iglesia celeste y *"al mirar la vida de quienes siguieron fielmente a Cristo, nuevos motivos nos impulsan a buscar la ciudad futura (cf. Hebr 13, 14 y 11, 10) y al mismo tiempo aprendemos cuál sea, entre las mundanas vicisitudes, el camino seguro, conforme al pro-*

pio estado y condición de cada uno, que nos conduzca a la perfecta unión con Cristo, o sea, a la santidad". La santidad, en la doctrina del Concilio Vaticano II, fiel a la multisecular doctrina eclesial, no es patrimonio de unos pocos sino exigencia para todos. *«Todos en la Iglesia, ya pertenezcan a la jerarquía, ya pertenezcan a la grey, son llamados a la santidad"*.

12.- La Iglesia como INSTITUCIÓN

– La Iglesia, además de Cuerpo Místico de Cristo es una institución social porque, sociológicamente hablando y como habitualmente sucede en estos casos, la Iglesia ha superado la experiencia religiosa original junto a su fundador, ha vivido ya la experiencia de "secta" y "religiosidad popular", ha organizado su DOCTRINA, su CULTO y su MANERA DE ACTUAR; y ha sido reconocida por el concierto social.

– La institucionalización es absolutamente necesaria para le Iglesia por las siguientes razones:
  - para evitar desviaciones doctrinales,
  - para mantener un culto que manifieste un sentimiento común y asegure la fe; y,
  - para que haya orden y respeto;

… pero corre sus riesgos *"Todo proceso de institucionalidad corre el peligro de desvirtuar la experiencia originaria"*

– Los principales riesgos son:
  - Que haya una motivación mezclada; es decir, que frente a una motivación sana haya motivaciones interesadas y profanas
  - Que los símbolos litúrgicos utilizados para significar la experiencia religiosa original, se vuelvan repetitivos y extraños
  - Que se instaure una burocracia farragosa
  - Que se interponga un legalismo ciego; y,
  - Que el servicio sea trocado por el poder y el fasto.

13.- La Iglesia y el ECUMENISMO

– El movimiento ecuménico tiene sus comienzos en el mundo protestante: Edimburgo 1910, El «Movimiento vida y acción» (1ª conferencia en Estocolmo 1925), el «Movimiento fe y constitución» creado en Lausana en 1927 y el «Consejo Mundial de Iglesias» cuya sede está en Ginebra, creado en 1948.

– La Iglesia Católica (tampoco la Ortodoxa)

al principio no dio importancia, más aún menospreció y prohibió estos esfuerzos, lo cual así expresó en el año 1928 Pio XI con la "Mortalium animus", que molestó mucho a los protestantes. Pero, años previos al Concilio, hacia 1948 se va constatando un interés creciente por estos encuentros. Se avanza ecuménicamente, aceptando los encuentros en algunas Diócesis, las traducciones conjuntas de la Bíblia,... es decir, fue moviendo algo que cuajó en el decreto conciliar «Unitatis redintegratio» (21-nov-1964). Posteriormente Juan Pablo II con la Encíclica "Ut unum sint", hará un nuevo llamado a la unidad e instituirá, a parir de 1986, una Jornada de oración en Asís.

- El deseo de ecumenismo se configuraba como un aire nuevo, alentado por el Espíritu, y tendente a la comunión plena de las iglesias. De hecho la teología católica sufre un cambio, de ser iglesias equivocadas, confundidas o alejadas, se habla de hermanos separados. De ser la única Iglesia Católica, se habla de una Iglesia universal y única de todos.

- **La tarea ecuménica podemos hoy cifrarla en tres aspectos: 1-)** La oración en común, la espiritualidad y la confianza en los hermanos. Ya no nos miramos con escepticismo, sino que nos reconocemos hermanos en el mismo Jesús. **2-)** El trabajo teológico y los avances intelectuales, se invita a conocerse mejor unos y otros, a estudiarse, a trabajar conjuntamente cuestiones espinosas y complejas, intentando acercarnos y encontrarnos. Y **3-)** El trabajo pastoral, facilitando los encuentros en comunión, sabiendo, y esto es esencial, que la unidad no se hace a cualquier precio.

No valen "irenismos", acuerdos fáciles de unidad, las diferencias son reales, no podemos disimularlas. Es verdad que es más importante lo que nos une que lo que nos separa, que es ya casi un slogan ecuménico, pero la existencia de separación es real, y no se consigue la unión ignorando la diferencia cultural, teológica o pastoral. En definitiva, la comunión está cerca, pero aún no ha llegado, no es total y plena. Mientras aguardamos nos encontramos, nos conocemos y lo deseamos, que no es poco, dado el pasado histórico.

VI MODELOS ACTUALES DE IGLESIA

Modelo = patrón, referente, paradigma (de

éste término se deriva también *moda*, algo que se realiza por imitación, lo cual no corresponde a la Iglesia, peor a una práctica pastoral)
Averes Dulli S.J. y Monseñor Gonzalo López Marañón nos han hablado de muchos modelos de Iglesia en la actualidad. He aquí algunos:

- Modelo de Iglesia - <u>Institución</u>: "sociedad perfecta"
- Modelo de Iglesia - <u>Sacramento</u>: "ministerio eclesial"
- Modelo de Iglesia -<u>Palabra</u>: "se anuncia y responde a esa Palabra"
- Modelo de Iglesia - <u>Comunidad</u>: "gran comunión con Dios y con los hermanos"
- Modelo de Iglesia - <u>Servicio</u>: "acento en la caridad"
- Modelo de Iglesia - <u>Liberadora</u>: "fe desde la realidad"

— ¿De qué modelo les hablaré? Profundizaremos en los dos primeros, los mismos que ustedes piensan son los más caracterizados y reales en nuestro medio ecuatoriano y aún universal luego del Concilio y las 4 conferencias episcopales, aquí en Latinoamérica: Medellín, Puebla, Santo Domingo y Aparecida.

— Debo decir, sin embargo, que no hay ningún modelo puro: todos los modelos son de alguna manera mutuamente implicados, todos arrastran ciertos elemento de todos los demás. Pese a ello el primero y el segundo son sin duda los más diferentes, que desencadenan procesos históricos altamente diferentes de iglesia y sociedad.

— Del modelo de Iglesia que personalmente tengamos, depende nuestro accionar. El modelo es condicionante de nuestra acción, de nuestro apetito intelectual, de nuestro estilo de espiritualidad. Por eso importa saber qué modelo tenemos de Iglesia. Muchas veces no nos entendemos o no nos ponemos de acuerdo en el actuar porque tenemos distinto modelo de iglesia. El modelo es más implícito que explícito, dependiendo de la formación que nos dieron, de los cursos recibidos, de los libros leídos. Pero es definitiva, el modelo de la Iglesia que tenemos es asunto vital y responde a estas preguntas: ¿Por qué estamos dando la vida?, y ¿Qué queremos conseguir con nuestro trabajo y apostolado?

— Para catalogar de correcto o no un determinado modelo de Iglesia, ha de tenerse presente estos elementos:

- su base sólida en la Biblia y en la Tradición de la Iglesia; y,
- el sentido de comunión y de misión de sus miembros.

GLESIA INSTITUCION	IGLESIA MISTERIO (en lenguaje latinoamericano, LIBERADORA)
Imagen	***Imagen***
– Teología dualista – La gran realidad es el cielo – El Servicio es institucionalmente duplicado – El símbolo es una escalera	– Teología unitaria – la gran realidad es la vida total de la tierra y el Cielo – El servicio es pastoralmente integrado en las instituciones civiles – El símbolo es un tren de máquina. Todas unidas pero con fuerza propia
Características	***Características***
– Lugar de reflexión y formación es el aula, el libro. – El pecado esta dentro del corazón – La gracia es liberación personal	– Lugar de reflexión y formación es el mundo y la comunidad cristiana. – El pecado no está solo en el corazón del hombre, sino también en el sistema y en las estructuras sociales. – La gracia de Dios es liberación total = de toda la realidad
Interlocutor	***Interlocutor***
– Es el hombre de fe: creyente, firme en la doctrina, defiende su fe contra la amenaza de fuera. – El sacerdote es el hombre de lo sagrado – El laico carece de atomía	– Es el no hombre, el empobrecido, el oprimido: las mayorías del tercer mundo. Defiende su fe en el combate liberador. – El sacerdote es hombre de la comunión, de la coordinación participativa y misionera.

propia: prolonga al sacerdote y al obispo, es como su brazo. – La iglesia se construye desde dentro y para dentro.	– El laico tiene vocación y misión propia, con autonomía y decisión independiente dentro de la realidad temporal. – La iglesia se construye desde toda la realidad y no es para sí misma sino para el Reino de Dios.
Alcance	***Alcance***
– Busca la trascendencia, ante todo. – Acento en la dimensión específicamente religiosa. – Es para dentro, en busca de su propia auto-edificación. – En función de estos ideales valoriza la Tradición y proyecta el futuro.	– Busca ante todo repetir la práctica de Jesús: liberar al hombre de todo clase de opresión. – Acento en la vida digna: Iglesia portadora de esperanza de vida en el mundo que desemboca en el cielo. – Es para el mundo para toda la realidad concreta, para todos los hombres; incluso, los no cristianos y no creyentes – En función de estos ideales se implica en la liberación dentro de la pastoral de las comunidades y las organizaciones.
Límites	***Límites***
– Subestima el valor teológico del terreno, del trabajo humano, de la construcción de un mundo más justo. – Reducción de la persona de Jesús a la Salvación puramente espiritual. – Riesgo de que la iglesia se identifique con el Reino y de sacralizar sus instituciones haciéndolas triunfalistas. – Riesgo de perder su sentido de BUENA NUEVA y PROFECIA	– Riesgo de transformarse en proyecto histórico-social, disolviéndose en compromiso sociales lejos de la utopía. – Reducción de la persona de Jesús a un Liberador social sin la utopía del Reino. – Riesgo de que la iglesia se identifique con el mundo, frenando u olvidando la utopía cristiana y asimilando sus proyectos y estructura a la lógica mundana. – Riesgo de reducir su profecía a las reivindicaciones de carácter social, etc.

A la luz de este bosquejo, creo que ustedes aspiran a insertarse en el modelo de Iglesia Misterio – liberadora, una Iglesia que busca la universalidad pero desde los pobres:

* Iglesia que resalta las grandes preocupaciones de la humanidad y las situaciones en el discurso de la fe;
* Iglesia que busca la igualdad que nos devuelve el sentido de la auténtica fraternidad; que construye la participación y la comunión con Dios y con los hombres;
* Iglesia que no aspira a un mesianismo temporal sino a una liberación integral del hombre y de la humanidad;
* Iglesia que se realiza especialmente en las pequeñas comunidades pero no excluye el papel de la autoridad;
* Iglesia que no se alimenta de divagaciones ni discursos sino de proyectos históricos realistas y efectivos.

¿Tiene los Equipos docentes este proyecto? He aquí el reto.

Apéndice N° 1

LA IGLESIA DEL VAT. II, UNA IGLESIA DIALOGANTE

Luego de haber concluido el Concilio hubo especialistas que a la luz de la inspiración de Juan XXIII, de poner al día a la Iglesia (aggiornamento), analizaron el acontecimiento desde la categoría del DIALOGO, del cual la Iglesia es la fundamental interlocutora. Diálogo de la Iglesia hacia dentro y hacia fuera. Y si queremos ser aún más explícitos, diremos que el Vaticano II se ha caracterizado por un diálogo múltiple:

- de la Iglesia consigo misma...,
- con Dios,
- con sus instituciones,
- con los cristianos no católicos,
- con los creyentes no cristianos; y,
- con el mundo entero.

Pero... ¿En qué consiste este diálogo? Veámoslo a continuación

Diálogo de la Iglesia consigo misma

- La tarea más urgente era que la Iglesia se identificara, que los cristianos conocieran quiénes son en sí mismos. Había que comenzar por responder a esta pregunta: "Iglesia, ¿qué dices de ti misma?" Por esta razón, la Iglesia, reunida en concilio, empieza por definirse, por saber y decir qué conciencia tiene de sí misma. Y esto, antes de presentarse al mundo.

- La Iglesia es el pueblo de Dios, que comunica a los hombres la vida divina. Es signo y sacramento de salvación en el mundo. Es también el Cuerpo de Cristo, que es su cabeza invisible. Es templo del Espíritu, que la alienta como su propia alma.

- La Iglesia, prolongación de Cristo en el espacio y en el tiempo, participa de los tres oficios mesiánicos: sacerdote, profeta y rey.

- Es una comunidad formada por todos los bautizados, la mayoría de los cuales son laicos.

- Está presidida por los obispos, verdaderos pastores de la grey. En comunión con el Papa, que es principio de unidad, forman el colegio apostólico. Y tienen sus inmediatos colaboradores en los sacerdotes y diáconos.

– Esta Iglesia es única, porque uno es el Señor, una es la fe y una es la comunión. Pero son diferentes los ritos litúrgicos, la disciplina eclesiástica y los modos de vida cristiana. Todos ellos, sean de la Iglesia latina o de la Iglesia oriental, deben ser tenidos en gran consideración, pues son parte del patrimonio común, herederos de la Tradición apostólica y venerables por su antigüedad.

Diálogo de la Iglesia con Dios

— En primer lugar, la Iglesia escucha y acoge religiosamente la palabra de Dios, es decir, esa revelación divina, que comienza en Israel con el Antiguo Testamento y logra su plenitud en Cristo.

— A esa Palabra, contenida en la Biblia y en la Tradición y propuesta con autoridad por el Magisterio, responde el cristiano con la fe.

— La Iglesia tiene el deber de proclamar esta Palabra. Y todos los cristianos han de leerla para alimentar su vida espiritual, hacerla fundamento de los estudios teológicos y difundirla entre los hombres como mensaje de salvación.

— En segundo lugar, la Iglesia habla a Dios, sobre todo en la liturgia, con palabras y con ritos. El contenido y el estilo de este diálogo con Dios debe estar enraizado en la palabra bíblica.

— Los textos y los ritos de la liturgia deben revisarse y reformarse, para que sean más comprensibles al pueblo fiel. En algunos casos hay que recuperar los que se han olvidado, como la concelebración y la comunión bajo las dos especies. Siempre deberán facilitar la participación consciente de los celebrantes, para lo cual se amplía el uso de la lengua vernácula.

Diálogo de la Iglesia con las instituciones eclesiales

— En la Iglesia hay variedad de ministerios y carismas. Todos deben trabajar en comunión y ponerse al servicio del reino de Dios.

— Los OBISPOS son los maestros auténticos

de la fe, responsables de la Iglesia universal. Siempre deben estar en comunión con el Papa y actuar colegialmente.

— Los PRESBÍTEROS deben estar muy unidos a los obispos, con los que forman el presbiterio diocesano, expresión de fraternidad y corresponsabilidad. Hay que fomentar las vocaciones sacerdotales y, a los que se sientan llamados, hay que formarlos en armonía con las necesidades del mundo actual.

— Los RELIGIOSOS han de mirar cuál es su carisma original y acoplarlo al momento presen-te, renovando sus constituciones, sus formas de gobierno y sus obras de apostolado.

— Los SEGLARES o los LAICOS, llamados a la santidad igual que los anteriores, tienen su campo propio de apostolado dentro de la familia y de la vida profesional. Su carisma más específico es la instaurac ón del orden temporal.

Diálogo de la Iglesia con los cristianos no católicos

— Los ortodoxos y los protestantes no son

simplemente cismáticos o herejes, sino hermanos separados que siguen al Señor y trabajan por su reino.

— Tanto en el protestantismo como en la ortodoxia hay valores cristianos reales, que es preciso reconocer, aunque no se encuentre en ellos la plenitud de la verdad.

— Se invita y se urge a todos los cristianos para que asuman como quehacer propio el ecumenismo, es decir, todas las iniciativas que promuevan la unidad; tales son la conversión personal, el mutuo conocimiento, la plegaria por la unión y las discusiones teológicas entre los expertos.

Diálogo de la Iglesia con los creyentes no cristianos

— Por primera vez, de manera oficial y solemne, se tiende un puente de acercamiento a los que profesan otras religiones, como el judaísmo, el islamismo, el budismo y el hinduismo.

— En cada una de estas religiones hay muchas semillas de bien y de verdad, que pueden ser el punto de partida para un diálogo y una colaboración.

Diálogo de la Iglesia con el mundo

— La Iglesia no pretende dominar, ni mucho menos condenar, al mundo; sólo quiere ayudarle y servirle con humildad. El servicio primordial es anunciarle el evangelio, cumpliendo así la tarea misionera que Cristo encargó a los primeros apóstoles y en ellos a todos los cristianos.

— La Iglesia reconoce y proclama los derechos inviolables de la persona, todavía amenaza-dos en la sociedad contemporánea. Entre ellos está el derecho a la libertad religiosa, siempre necesaria, pero mucho más en un mundo mixto y pluralista.

— La Iglesia no busca el enfrentamiento con el mundo moderno, ni construirse una existencia separada y paralela, ni mezclarse con él hasta confundirse con el mismo. Quiere la re-conciliación con el mundo moderno, un diálogo de amor comprensivo, una colaboración positiva con todos los hombres para bien de la humanidad entera.

— No pretende desentenderse del mundo, ni

limitarse a contemplarlo desde lejos. sino estar dentro de él, como la levadura en la masa. Intenta que esta presencia sea solidaria, desea hacer suyos todos los gozos y dolores del mundo actual.

— El ateísmo es un fenómeno característico de la sociedad contemporánea, sobre todo en los países desarrollados. La Iglesia quiere comprender este hecho, examinar sus causas y estudiar su posible remedio.

— La Iglesia se hace cargo de los gravísimos problemas que hoy pesan sobre los hombres: el hambre y el analfabetismo, las nuevas armas y la paz internacional, la explosión demo-gráfica y los países subdesarrollados, el trabajo y la cultura, el matrimonio y la familia, la educación de la juventud, la construcción de la ciudad terrena y los medios de comunicación social.

— La Iglesia tiene muchísima confianza en los JOVENES, en ellos está la antorcha entregada por los antepasados y a ellos corresponde mantenerla viva y entregársela a las nuevas.

Apéndice N° 2

TRANSICIÓN: De una Iglesia estática a una Iglesia dinámica

El Padre Egidio Vigano, antiguo director del Teologado Salesiano de Roma y perito del Concilio, visualizó así la transición de la Iglesia, fijándose en los siguientes tópicos: 1-) Sacramentalidad, 2-) Organización, 3-) Misión, 4-) Ministerios, 5-) Colegialidad, 6-) Peregrinación, 7-) Humanismo, 8-) Profecía, 9-) Liturgia; y 10-) Realeza.

De una Iglesia ESTÁTICA...		***...a una Iglesia DINAMICA***
Sacramentalidad		
* ***Juridista.*** Más bien de organización social y administración. * ***De prácticas rituales.*** Más bien dedicada a ciertos ejercicios de piedad tradiciones devocionales. * ***De observancia.*** Más bien de conducta moralista normada por la legalidad; la acción es "cristiana" cuando está conforme a los mandamientos		* ***Evangélica.*** De formación de las personas a la vida de las bienaventuranzas. * ***De vida santa.*** Primacía de la caridad que anima la acción concreta, santificado el trabajo humano y las profesiones. * ***De testimonio.*** Empeñándose en ser testigos de Dios, con-

		siderando la propia conducta como una manifestación "sacramental" del misterio de Cristo; la acción es "cristiana" cuando es epifanía del Señor.
Organización		
* ***Individualista.*** Más bien concebida para la salvación de cada una de las "almas". * ***Clerical.*** Más bien de tipo jerarcológico, donde la tarea de la Iglesia la monopoliza el clero. * ***De Institución.*** Concebida como una institución prefabricada, a la cual hay que ingresar con determinados ritos para perpetuar sus estructuras.		* ***Orgánica.*** Dedicada a la edificación y desarrollo de la Comunidad del Pueblo de Dios. * ***Corresponsable.*** Preocupada de que todos (también los laicos y los religiosos) tengan una empeño positivo de actividad eclesial. * ***De acontecimiento.*** Concebida como una realidad existencial en construcción a través de hechos vivos continuamente renovados; el acontecimiento tiene gusto "personal" y es producido vez por vez.
Misión		
* ***Espiritualista.*** Más bien ajena a los empeños temporales, casi desconfiando		* ***Encarnada.*** Con una visión verdaderamente integral, hu-

de la autenticidad de los valores profanos. * ***Sacral.*** Casi teocrática, con intención de institucionalizar eclesiásticamente el Reino de Cristo. * ***Proselitista.*** Que tiende fácilmente a revestir la acción pastoral con cierto afán proselitista de enrolamiento inmediato a las instituciones eclesiásticas.		manista y cósmica de la salvación; respeto y confianza hacia los valores profanos a pesar del pecado. * ***Cristológica.*** Impulsa la "laicidad" de lo temporal orientado a Cristo a través de la conciencia de los cristianos, luchando así contra el "laicismo" sin pel gros de teocracia. * ***Medianera.*** Que toma en cuenta la gradualidad de la acción apostólica y da especial importancia a su aspecto de mediación tratándose de conversión "personal y libre"
Ministerios		
* ***De privilegios.*** Donde ser clero es dignidad, ser religioso es ventaja y ser laico es pasividad. * ***Diseccionada.*** Más bien parcialista, o sea en la que cada grupo tiene, como se suele decir, su campanilla. * ***De cristiandad.*** Más bien preocupada de institu-		* ***Subsidiaria.*** Donde clero, religiosos y laicos se sientan servidores activos de una misma comunidad salvadora. * ***De servicios.*** Bien coordinada, ya que cada grupo tiene conciencia de estar com-

cionalizar eclesiásticamente la sociedad.		plementando a otro en vista de una única misión. * ***De misión.*** Preocupada de estar presente como fermento en los valores mismos del mundo.
Colegialidad		
* ***Centralizada.*** Con cierta uniformidad niveladora dirigida muy concretamente desde el centro. * ***Unipersonal.*** El Papa, el Obispo, el Párroco... con una pastoral monárquica. * ***Autárquica.*** Cerrada en las diferentes instituciones; diócesis, parroquia, asociación.		* ***Descentralizada.*** De pluralidad en la comunión, donde se respetan los valores de las múltiples diferenciaciones humanas. * ***Colegial.*** El Papa y los Obispos; el Obispo y el Presbiterio; el Párroco y su Equipo Pastoral... con una "pastoral de conjunto" * ***Solidaria.*** Abierta a la comunión: espíritu diocesano en la parroquia, apertura interdiocesana y valoración de las Conferencias Episcopales.
Peregrinación		
* ***Fijista.*** Ya establecida y "hecha", a la cual simplemente hay que entrar. * ***Triunfalista.*** Que quisiera establecer un reino de victorias humanas. * ***Enajenada.*** Algo des-		* ***En evolución.*** Se está construyendo y hay que empeñarse en la edificación. * ***Penitente.*** Humilde y en actitud de conversión perenne, no sólo en ca-

preocupada de los problemas sociales humanos; casi soportando o adaptándose a la historia.		da individuo, sino en las mismas comunidades eclesiales. * ***Empeñada.*** Dedicada a santificar las mismas preocupaciones del hombre actual, deseando influir en la orientación misma de la historia.
Humanismo		
* ***Centrada sobre sí.*** Más bien preocupada de su propia dignidad e importancia. * ***Dando primacía a la doctrina.*** dando importancia a la ortodoxia y a los "derechos de la verdad". * ***Polemista.*** Más bien de posición de defensa y de ataque al error.		* ***Centrada sobre el hombre.*** Totalmente dedicada a descubrir a su Esposo: Cristo, en las necesidades humanas y en los problemas actuales. * ***Dando primacía a la persona.*** Preocupada por los derechos del hombre (cfr. sobre la discusión de la libertad religiosa) * ***Dialogante.*** Interesada en lo que hay de común entre los cristianos y entre los hombres para superar las distancias con un diálogo sincero.
Profecía		
* ***Dogma.*** Más bien preocupación de la explicación		* ***Mensaje.*** Dedicada a la proclamación del

recta de las fórmulas dogmáticas. * ***Poseedora de la ortodoxia.*** Casi con una actitud monopolizadora de la verdad. * ***De conocimiento.*** Más bien preocupara del simple conocimiento de la Revelación.		Evangelio salvador según las necesidades de cada generación. * **Buscadora de la verdad.** En un continuo dinamismo de búsqueda para ir participando siempre más en la realidad viva de la Verdad Revelada. * ***De convocación.*** Que proclama el Mensaje Revelado, no para ilustración intelectual, sino para convocar la Pueblo en la comunidad eclesial.
Liturgia		
* ***De ritos.*** Más bien preocupada de los ritos y rúbricas. * ***Pasiva.*** Donde los fieles van a recibirlo todo del ministro; algo mágico; con idioma desconocido. * ***Septisacramental.*** Practicando cada sacramento como ritos independientes de especial poder curativo.		* ***De signos.*** Donde la vida misma debe ser sacrificio espiritual alimentado con los signos de la fe. * ***Activa.*** Con la participación consciente de los fieles, como expresión del sentido mismo de la vida. * ***De asamblea eucarística.*** Centrada en la celebración de la Eucaristía, como culmen y fuente de toda la vida cristiana.

Realeza		
* ***De medios potestativos***. Algo encandilada por el poder del influjo temporal como el antiguo Israel (por ejemplo; con una partido confesional, etc.) * ***De éxito controlable.*** Más bien preocupada de una eficacia inmediata y externa. * ***Activismo.*** Primacía de la acción por sí misma.		* ***De medios educativos.*** Que ha descubierto la eficacia educativa de los llamados medios pobres. * ***De sacrificio Como empeño de amor.*** Descubridora del amor contenido en la cruz. * ***De apostolado***. Primacía de la contemplación y de la caridad, como alma de la acción.

Conclusión

- Hay otros temas que no se han aludido, sólo se han recabado los que se han juzgado más relevantes. Sin duda alguna, la consideración de la Iglesia como misterio es una de las características de la eclesiología del Concilio Vaticano II y quizá el mayor aporte ya que así impide que la Iglesia, al reflexionar sobre sí misma, caiga en un riguroso juridicismo o en un dañino sociologismo. La categoría de misterio ayuda a comprender la realidad más profunda del ser de la Iglesia.

- Si se puede hablar de la Iglesia misterio es por su origen divino, más concretamente, por su origen trinitario. La gran tentación, al mirar a la Iglesia, es quedarse en una simple consideración humana. Ella, sin embargo, no es tan sólo una realidad humana, ella es divino-humana, es realidad teándrica que contiene en sí elementos divinos y humanos. Esto es así pues no sólo es un sujeto histórico, la Iglesia es de la Trinidad, Dios Trino es el sujeto metahistórico de la Iglesia.

- Como acabamos de ver, hoy la Iglesia se perfila y trata de manifestarse al mundo:
  - Más sacramental que institucional
  - Más comunión de comunidades que sociedad perfecta
  - Más misionera y dinámica
  - Más corresponsable e igualitaria
  - Pueblo de Dios en cuyo interior y a cuyo servicio está la jerarquía
  - Peregrina y provisional, dinámica más que estática
  - Concreta en cada comunidad local
  - Acogedora y humanista frente a los valores del mundo; y,
  - Abierta al diálogo ecuménico.

Pero es tarea moral de cada uno de nosotros hacerla realidad.

Bibliografía:

Fuentes

Comisión Teológica Internacional: *"Temas Selectos de Eclesiología"* Vaticano 1994

Constitución Dogmática *"Lumen Gentium"* 21 de noviembre de 1964

Constitución Pastoral *"Gaudium et spes"* 7 de diciembre de 1965

Libros

Bueno de la Fuente, Eloy: *"Eclesiología"* BAC – Colección Sapientia Fide N° 12. Madrid 1998

Calvo C., Angel - Ruiz D., Alberto: *"Para leer una Eclesiología Elemental"* Ed. Verbo Divino. Estella - Navarra 19086

Equipo pedagógico de PPC: *"Libro Básico del Creyente"* Madrid 1985

Equipo pedagógico PPC: *"Curso sobre la Iglesia"* Madrid 1976

Equipo pedagógico PPC: PPC: *"Descubrir a la Iglesia"* (8° e.g.b) Madrid 1985

Garralón, Javier: *"En medio, María. Un Pueblo y una Madre"* (Plan de formación de animadores) Editorial SSC. Madrid 1991

Jiménez Alvarez, Bolívar: *"Curso elemental de*

eclesiología". Cuenca 2005

Pié-Ninot, Salvador: *"Eclesiología – La Sacramentalidad de la Comunidad Cristiana"* Ediciones Sígueme. Salamanca 2007

Pié-Ninot, Salvador: "Introducción a la Eclesiología" Editorial Verbo Divino. Estella – Navarra 1998

Sánchez, Luis: *"La comunidad de seguidores de Jesús"* Inspectoría Salesiana del Ecuador. Cuenca 2005

Varios: *"Naturaleza Salvífica de la Iglesia"* Estella – Navarra 1964

Varios: PPC: *"Iglesia y convivencia humana"* (2° de bachillerato) Salamanca 1986

Vigamó, Egidio: *"La eclesiología del Vaticano II: De una Iglesia estática a una Iglesia dinámica"* Ediciones Paulinas 1966

De la red

- Dulles Avery: *"Medio siglo de Eclesiología"*
- Gerocities: *"Curso de Eclesiología"*
- Hidalgo, Pedro *"Concilio Vaticano II: Eclesiología"*
- Marie-Joseph Le Guillo: "Eclesiología"
- Varios: *"Teología del Laicado: Eclesiología del Vat. II"*

Cuenca – Ecuador, 2 de enero del 2017

Cáritas
M
ESCUELA PARA EL DIACONADO PERMANENTE
Arquidiócesis de Cuenca - Ecuador

Printed by Books on Demand GmbH, Norderstedt / Germany